खुशबू

फरहा फातमा

ISBN 979-888530214-2

आभार

सबसे पहले मै ईश्वर का शुक्रिया अदा करना चाहती हूँ जिनके आशीर्वाद से किताब लिखने का यह कार्य संभव हो सका है। अपने माता-पिता का शुक्रिया जिन्होंने मुझे इस लायक बनाया ।

मैं अपने पति और परिवार के हर शख्स का शुक्रिया अदा करना चाहती हूं जिन्होंने अपना सहयोग दिया ।

मेरे गुरुजनों, दोस्तों और शिष्यों का शुक्रिया जिनकी शुभकामनाओं से आज यह पुस्तक प्रकाशित हुई है।

आरिवर में मैं नोशन्स प्रेस प्राईवेट लिमिटेड की पूरी टीम का शुक्रिया अदा करना चाहती हूँ जिन्होंने इस किताब को आप लोगों तक पहुंचाया ।

फरहा फातमा

1

वक़्त के साथ जिंदगी कई रंग दिखाती है । इन्हीं खट्टे मीठे अनुभवों , दार्शनिक विचारों, जज़्बातों, आगे बढ़ने का हौसला, सुख के समय संतोष, दुःख के वक़्त धैर्य, अपने ऊपर पूर्ण विश्वास और उम्मीद रखना इस पुस्तक में मुख्यतः अभिव्यकत किया गया है।

2

ख़ुद को हम दरबदर दरबान कर लें
लफ़्ज़ गूँगे कर ये एहसान कर लें
इससे पहले कि धूप में नींद आए
चलो छाँव में इत्मिनान कर लें
इतनी भी बुराई नहीं करता ज़माना मेरी
कि फिर उसको अहल ए ज़बान कर लें
जिम्म्मदारियों और काम तले दबी है ज़िंदगी
मुमकिन भी नहीं कि छुट्टी का ऐलान कर लें
कफ़स में साँसों की घुटन कब तक
जब तक ये परिंदे न उड़ान कर लें

3

उनकी शरारत को कैसे संभाला जाए
आखिर हवाओं पर रोब कैसे डाला जाए
इससे पहले कि हार जीत तय हो
यूँ सरेआम सिक्का न उछाला जाए
अभी बहुत पढ़ने को बाकी है
ज़िंदगी के पन्नों को संभाला जाए
उम्मीद, भरोसा, बेरुखी ही सही
ताल्लुक़ में गलतफहमी न पाला जाए
माना कि बुनियाद के पत्थर नहीं हैं हम
मगर घर से न निकाला जाए

4

हम भी आख़िर किधर जाएँगे
शाम ढलते ही घर जाएँगे
क़ैद कर लो मुट्ठी में लम्हों को
फ़ौरन फ़िसल कर गुज़र जाएँगे
बस उस गली को है तबाही का ख़तरा
ये मुक़द्दर के मारे जिधर जाएँगे
जो ज़ख्मी हुए चोट से फूलों की
पाँव शोलों पर उनके निखर जाएँगे
सदाओं को अल्फाज़ मिल जाए अगर
हमतुम तुमहम सिहर जाएँगे

5

गुज़र रहा है सर से
बादल यहाँ ऊपर से
उद्वलित मन ताक रहा
आज खिड़की के अंदर से
इस आँगन भी उस आँगन भी
फिरता हर दर से
सब समा गए इसमें
मन सूर्य चंद्रमा देखने को तरसे
उम्मीदें और हौसला चुन लेना
हो सके तो जीवन सागर से

6

कोई ख़्वाब अगर दिखे तो मुझको भी बताना
उम्मीदों से बहल जाओ तो मुझको भी बताना
सुना है ज़माना कर रहा मेरी तलाश
मेरी ख़बर मिले तो मुझको भी बताना
ज़माने की धुँध में गुम हो न जाएँ हम
पहली किरण दिखे तो मुझको भी बताना
तेज़ हवाओं के रुकने का इंतज़ार है
फिर पत्ता कोई हिले तो मुझको भी बताना
सच को बेबस होते देखा है अक्सर
झूठा कोई तड़पे तो मुझको भी बताना

7

ज़्यादा से ज़्यादा ये क्या ले जाएँगे
थोड़ी न मेरा हौसला ले जाएँगे
फ़ुर हो रहा है वक़्त आज़ाद पंछी की तरह
लम्हा अपने साथ हम कौन - सा ले जाएँगे
उम्मीदें हैं बहुत हमको अपने ख़्वाब से
हसरतों को पालने की हम तमन्ना ले जाएँगे
हैरत में क्यों हो तन्हा देखकर मुझे
हम अपने साथ एक दुनिया ले जाएँगे
बड़ी समझदार है ये शरीफों की महफिल
सबक हम यहाँ से इंतेहा ले जाएँगे

8

वक़्त के साथ

वक़्त बदलता चला गया

भला इसमें

वक़्त का क्या कसूर है

हज़ार तमन्नाएँ

सजी थी जिस महल में

तब्दील हुआ खंडहर में

बेचारा दिल बेहद मजबूर है

मोहब्बत ज़माने भर से

अपने काम न आई

क़त्ल कर ख्वाहिशों का

जुर्म फिर हमने किया हुज़ूर है

स्याह रात के अंधेरे

तो न छीन ऐ सहर

ये घुप अंधेरा ही

इस आह भरते दिल का कोहिनूर है

जज़्बात - ओ - अरमान

को फिर से न बहलाओ बेरहम

ठिकाना इनका अब

तेरे दर से बेहद दूर है

हँस - हँस के चुनते हैं हम

दिल का हर एक टुकड़ा

बेइंतहा हसरत लिए मुस्कुराता
देखो अब भी दिल को कितना गुरुर है

9

आहिस्ता - आहिस्ता सारे हमराह
झूठ के संग हो गए
बेबस निगाहों से देखता
सच फिर से तन्हा रह गया

एक बार नहीं हर बार की तरह
फकत हँसी ही रूठी है दोस्तों
मोम की तरह पिघलता रहा यकीन
गम नहीं दिल फिर भी रौशन रह गया

10

बड़ा गुरुर था दिमाग़ को
कि दिल उसके क़ैद में है
आज हैरान -ओ - परेशान
लटकी शक्ल लेकर देखता ही रह गया

रेत पर आँसुओं से बनी
अधूरी हसरतों का महल
उम्र कुछ इतनी लंबी थी कि
बेरुख हवा के एक झोंके से ही ढह गया

इस तरफ तो धूप तक
पीठ दिखाए खड़ी है
अरमान चाँदनी के दीदार का
बस दिल ही दिल में रह गया

11

माँ

तुझपर क्या लिखूं
तूने तो मुझे लिखा है माँ
जो कुछ भी थोड़ा जाना है
तुझसे ही तो सीखा है माँ

तेरे ज़िक्र में क्या कहें
तू मोह का दरिया है
मैं एक क़तरा तेरा
तू सबसे अलहदा है

जन्नत की ख्वाहिश क्या करे
जिसके पास माँ है
ज़माने भर की मोहब्बत पर भारी
तरफ उठती तेरी निगाह है

तेरे हौसले ही बनाते
कंकड़ को चट्टान हैं
लफ़्ज़ो में सिमट जाए
मुमकिन नहीं तेरा बयान है

अपनी ख्वाहिशों का क़त्ल करने का

तेरा हुनर ला - जवाब है
हाल - ए दिल तेरी औलाद का
एक तेरे सामने बेहिजाब है

यकीनन किस्मत अगर
माँ ने लिखा होता
सिवाय चैन - ओ - सुकून के इसमें
कुछ और नहीं होता

12

सवाल

कितना सवाल है
किससे सवाल है
वजह का पता नहीं
कितना मलाल है

ख़ुद की ख़बर मिले
ख़ुद को ख़बर मिले
ख़ुद से बेख़बर
ये कैसा हाल है

जिसकी तलाश है
जितना तलाश है
कुछ पास भी तो है
अब किसका ख़्याल है

वक़्त टिकता नहीं
वक़्त टिकेगा नहीं
ये बेकली का मंज़र
भी तो फिलहाल है

बिल्कुल बच्चा है

दिल दिल का अच्छा है
ला - जवाब है
दिल बेमिसाल है

दिल दिल का अच्छा है
ला - जवाब है
दिल बेमिसाल है

13

नींद
सुबह ने जगाकर हमको
देखो कितना सताया है
फिर बेदर्द दोपहरी ने
इसे जी भर चिढ़ाया है

ढ़लते दिन में थककर
अक्सर जब चूर हो जाते हैं
कहीं किसी कोने में लुढ़ककर
हम दुनिया से दूर हो जाते हैं

देखो ये किस कदर
मेरा ख़्याल करती है
हर वक्त सामने हाज़िर
न कभी कोई सवाल करती है

न बिस्तर का फिक्र है
न तकिए का ख्याल
अभी ही उठे थे तो क्या
फिर हो गए निढ़ाल

दिन भर की भीड़ से गुम होने की

अब इन तपती आँखों की तैयारी है
ख्वाबों की दुनिया में
अब उलझने की मेरी बारी है

एक तरफ ये सारी दुनिया
ये अकेले सब पर भारी है
बेखबर हम जहाँ से
हाँ मुझे ये सबसे प्यारी है

इस एक नींद में खोकर
मुझे कई बरस का होना है
ये रातें ख़ुद में तमाम करके
आज फिर जी भर के सोना है

चाल में जो लड़खड़ाहट बेशुमार है
कुछ और नहीं बस मियादी बुख़ार है
जिंदगी का क्या भरोसा बड़ी बेहिस है
मौत पर मगर हमको पूरा एतबार है
ये तो सच है कि सूख चुका है पूरा
अब भी लेकिन शजर को पत्तियों का इंतजार है
संभल - संभल कर चलिए इस पुलसरात पर
नहीं हर एक मौसम यहाँ कोई बहार है
ज़रा सख्त है हर रिवाज इस दहर का
उलझता फिर रहा यहाँ हर जानदार है

14

ट्रेन एक्सीडेंट

इस पेट के खातिर क्या - क्या न किया
अपनों से दूर अकेले ठिकाना बसा लिया
जिंदगी के कितने इम्तेहान अभी बाकी थे
मेरे मौला मुझको अभी ही बुला लिया
सोंचा था सोएंगे अब चैन की नींद घर पर
मेरी बदनसीबी ने फिर पटरी पर सुला दिया
काश ये बस मेरी होती तो कोई बात नहीं
मेरी मौत ने तो मेरा घराना लुटा दिया
वो अब हाथ उठाकर क्या माँगेगें
सही सलामत मेरे घर पहुँचने का जिसने दुआ किया
इस अंजान शहर से मोहब्बत रास न आई
हमने इसे सजाया इसने हमें दफ़ना दिया

15

पूरे दहर को रौशन कर रहा है
मगर ख़ुद वो कितना तन्हा जल रहा है
हमने भी एक टक देखने की ठानी थी
आखिर बादल से निकल रहा है
हर शख़्स दफ़न कर चुका अपने कई अरमान
कोई दिल यहाँ दर्द से खाली न चल रहा है
कुछ तमन्नाएँ बिखर जाएँ तो क्या
फिर भी हसरतों का दौर पल रहा है
जिंदगी के चार दिन मुस्कुराकर गुज़ार दो
क्या इससे कि कौन आगे कौन पीछे निकल रहा है

16

रोने पर कोई आए तो फिर इतना रोए
कि देख के हर देखने वाला रोए
वो ठंडी छाँव देने वाला शजर
सूखा तो ऐसे कि पत्ता - पत्ता रोए
गम ए - मियाद का भी सहर होता है
इसी राह - ए - तमन्ना में इंतेहा रोए
शिकस्ता दिल के टुकड़े बिखरे ऐसे
हालत को देखकर टूटा शीशा रोए
एक मुद्दत हुई मुलाकात किए खुद से
तरस - तरस के आखिर कब तक आईना रोए
इस शहर ए - अंजान से वफा की तवक्को
दुआ भी ऐसी कि न कोई बेवफा रोए
नसीब भी इस तरह बिखेर देती है
ख़ुद ख़ाक उड़ा - उड़ा के फिर हवा रोए
जिंदगी एक ख़्वाब के सिवा कुछ भी नहीं
हकीकत से वाकिफ कोई क्यों इस दर्जा रोए

17

आँसु तो दिल से बहाया जाता है
आँखों से बस मुस्कुराया जाता है
क्या हुआ जो ख्वाहिशें बिखर जाएँ
दुआ में फिर भी हाथ उठाया जाता है
चोट तो लगती है गिर जाने के बाद
पहले आसमान की तरफ निगाह उठाया जाता है
यूँ तो अगली साँस तक पर इंसानी इखितयार नहीं
और यहाँ जिंदगी को अपना बताया जाता है
सुना है मेहनत किस्मत भी बदलती है
क्या इससे नसीब को भी सुलझाया जाता है

18

ऐ अब्र तू बता तेरे उस पार क्या है
तू बरस भी रहा फिर इंतज़ार क्या है
मेरा होकर भी मेरी सुनता कहाँ
मेरा मेरे नसीब पर इख्तियार क्या है
यकीन और एतबार का दावा भी इंतेहा
फिर ये आपा - धापी ये कतार क्या है
समझ नहीं आता कहाँ मसरूफ हूँ मैं
कोई बताता भी तो नहीं ये इतवार क्या है
इस तकिये और बिस्तर से वास्ता ये कैसा है
क्यों पूछते हैं सब ये बुखार क्या है
हसरतों को पालने की ये कैसी तमन्ना है
फिर बिखर जाने पर दर्द - ए - बेशुमार क्या है

19

उसके हकदार बदलते चले जाते हैं
और कई बार बदलते चले जाते हैं
मेहमान बन जाती है एक दिन
उसके घर बार बदलते चले जाते हैं
कितना अजीब छत टिका है उसके सर पर
जिसके दर - ओ - दीवार बदलते चले जाते हैं
सवाल रह जाते हैं ज़हन के अंदर
बाहर पहरेदार बदलते चले जाते हैं
फिर एक दिन हो जाती है पराई
बेटियों के संसार बदलते चले जाते हैं

20

हालात ए जिंदगी

चर्चे तो इसके किस्सों के

बेहिसाब ओ बेशुमार हैं

ये कभी पाएदार है

कभी ना - पाएदार हैं

अक्सर वक्त रहते समझना होता है मुश्किल

वरना मोहलत तो ये देती कई दफ़ा है

हाँ कुछ राज़ इसके गहरे

यही इसका फलसफा है

क्या बयान करे कोई इसको

कहाँ पक्का इतना एतबार है

दिल लगाए बैठे हैं उससे

जो जिंदगी ए मुस्तार है

जब प्यास इतनी गहरी है

फिर गला कितना तर होगा

ये वक्त ही है सफर की मंजिल

शायद मंजिल का यही सफर होगा

ख़ुद तू ही दरिया है यहाँ

तू ख़ुद ही है साहिल

हजार मन्नत ओ मशक्कत के बिन

हो जाए अगर हासिल

फिर मज़ा कहाँ

उस तपिश ओ इंतज़ार में
फेहरिस्त तो ज़ौक - ओ शौक के
बड़े लंबे हैं दिल ए बेकरार में
या रब दे वो ठोकरें
जिसका सबक ला - ज़वाल हो
दे इतनी हिम्मत
जिसकी उम्र ला - ज़वाल हो

21

सच का बोझ उठाऊँ कैसे
खुद को फिर समझाऊँ कैसे
वफ़ा बदनाम है बहुत
बेवफाई अपनाऊँ कैसे
सुलह करके है बिगाड़ी फ़ितरत
अब इसको उलझाऊँ कैसे
मैं जो हूँ बस वही हूँ
जो नहीं हूं दिखलाऊँ कैसे
कुछ दिल भी तो जीता है
फिर भी न इतराऊँ कैसे

22

रस्ते में शाम न हो जाए
सफर यूँ तमाम न हो जाए
चेहरे की मासूमियत बरकरार रहे
ये आईने का गुलाम न हो जाए
किताबें पढ़ना तो अफजल है लेकिन
बुजुर्गों का मश्वरा हराम न हो जाए
सोच रही हूँ कब तक जीना है
ये खबर सरेआम न हो जाए
ख़ुदा करे सलाह सलाह ही रहे
मश्वरा कहीं इंतेकाम न हो जाए

23

काश की इतनी कीमत होती
थोड़ी सस्ती जन्नत होती
थोड़ा और तजुर्बा होता
लिखने की न किल्लत होती
हर ख्वाब सच हो जाता
ऐसी भी कोई हिकमत होती
वफा भी बिकता बाजार में
अगर उसमें थोड़ी बरकत होती
चलन झूठ का न बढ़ता ऐसे
हममें अगर सच सुनने की हिम्मत होती

24

फिर मोम की तरह पिघलते है
चरागों की तरह अक्सर जलते हैं
बहुत सभलकर चलते है
सिर्फ इसलिए फ़िसलते हैं
वो ख़ुद उड़ नहीं पाते
और परिंदे का पर कुतरते हैं
कुछ देर इंतज़ार और सही
तूफान कहाँ जल्दी गुजरते हैं
ख़ुद की ख़बर किसे है यहाँ
औरो का अंदाजा लगाए फिरते हैं

क्या खूब फ़ज़ा तैयार किया है

हम जैसों का जीना दुश्वार किया है

बस एक सच छुपाने के खातिर

झूठों ने झूठों पर फिर वार किया है

जिंदगी समुंदर से भी गहरी है

तुमने अभी नदी पार किया है

कौन ख्याल करता है उन पत्तों का

जुदा होकर शाख से मौसम - ए - बहार किया है

कितने अक्स उतर गए हर एक शख्स मे

जीने के वास्ते सबने कितना किरदार किया है

26

आंखों को नींदों की खबर नहीं
और फिर कोई ख्वाब मयस्सर नहीं
मैं टूटूँ तो कुछ ऐसे
अंदर चूर बाहर ख़बर नहीं
इसकी आब - ओ - हवा में डूबती है कश्ती
ये दुनिया है कोई समन्दर नहीं
ख़ुद को मनाना ख़ुद से उलझ जाना
फिर रूठने मनाने की फिकर नहीं
अंदर अपने तूफान है समन्दर है
बस आँखों में सैलाब का मंजर नहीं
दर्द की लज़्ज़त भी बताई जाए
मुमकिन ये बात फिर अक्सर नहीं

27

रहता है अपने आप से मुकाबला मेरा
गिर जाऊँ तो संभालता है मुझको हौसला मेरा
मैं सफर में जिसको ठोकर लगाए फिरती हूँ
वही जिंदगी रोज़ तकती है रास्ता मेरा
मैं आपसे कम मुखातिब हूँ तो क्या हुआ
ख़ुद से भी रहता है थोड़ा फासला मेरा
हो चुकी हूँ ख़ुद से मैं बेखबर किस कदर
जमाना सुनाने लगा है मुझको वाक्या मेरा
मुमकिन नहीं कि फितरत का अंदाज़ा लगाया जाए
देखकर, सुनकर या कभी पढ़कर लिखा हुआ मेरा

28

दुनिया ने तो चलाए खंजर तमाम रखा है
जिंदा हूँ माँ की दुआओं ने थाम रखा है
ये जो तुम मश्वरा दिए फिरती हो न
लोगों ने इसका तोड़ इंतकाम रखा है
तुम तलाश करते रहना अपने गुनाह का
ज़माने ने तुम्हारा सज़ा सरेआम रखा है
चोट जब भी खाई तो खाई फूलों से
काँटों ने तो मेरा एहतेराम रखा है
जो कोई सामने आया उसे अपना बना लिया
आईने ने वफादारी का पैग़ाम रखा है

29

ऐ मौत ! किसी अंजान जगह हो तुझसे टकराना मेरा
लुट न जाए कफ़न दफन में घराना मेरा
सुना है इन बूंदो में कुवत है आग बुझाने की
बहा ले गई ये तबाही आशियाना मेरा
जीते जी नसीब न हुआ एक चीथड़ा ढाँकने तन को
ये रेश्मी कफ़न क्या बताएगी फ़साना मेरा
चाहे हवा बेरुख हो चाहे आंधियाँ आए
छलकेगा नहीं कभी आंखों से पैमाना मेरा
चलते रहने का नाम है जिंदगी
अच्छा नहीं लगेगा इसे रुक जाना मेरा

30

फिसल गया बचपन
वो चिड़िया - सा चहचहाना
कभी झगड़ना कभी मनाना
वो फूलों सी मुस्कुराहट
वो कोयल सा गुनगुनाना

ये वक़्त ऐसे गुज़रा
मानो कल का ही था ज़माना

कब छूटा अपना बचपन
हम जान भी न पाए
दुनिया की बेरुखी हम
पहचान भी न पाए

कश्ती मेरी फँसी है
दुनिया के बवंडर में
खाते हैं गोते अक्सर
यादों के समन्दर में
ऐ काश वो दिन फिर आ जाए
जी लेंगे हम कुछ पल के लिए
ये जीना भी क्या जीना है
दिल ढूंढे चैन एक पल के लिए

अब ढूँढे़ मेरी निगाहें
वो बस्ती वो रास्ता
वो पंछी सी आज़ादी
न किसी से कोई वास्ता

वो मुहल्ले की गलियाँ
उन बगीचों की कलियाँ

एक बार फिर निहारूं
वो हरियाली वो खेत
कोई तो लौटा दो
छूटा मेरा बचपन ऐसे
जैसे मुट्ठी से फिसलती रेत
बुरा मान गया अँधेरा उम्र भर के वास्ते
इस गुलशन में आज ये कैसा चराग़ रोशन हुआ

31

मंज़िल से पहले इब्तिदा - ए - सफर का हौसला तो कर,
चराग़ - ए - राह आ जाएँगे धीरे - धीरे ।

32

खुद के हाल से होते हो मायूस इस कदर
आपने खिलौना बेचते कोई बच्चा नहीं देखा ।

33

हसरतों का ही सही ताजमहल तो है
क्या हुआ जो कई अरमान इसकी नींव में दफ़्न हो गए ।

34

माद्दाह है हममें भरी बज़्म सच कहने का
अपनी बे-अदबी का हम और क्या सबूत दें ।

35

कितने अदब से किया है अपनी ख्वाहिशों का क़त्ल उसने
सब समझते हैं उस हुनरमंद के न शौक हैं न ख्वाब |

36

क्योंकर ये इलज़ाम तीर को दिया जाए
दिल चीरने को फ़क़त आरज़ू ही काफ़ी है ।

37

इस धुँध में अभी ख़ुद को पहचानना बाक़ी है
जिस्म के मल्बे से रुह ज़िंदा निकालना बाकी है ।

38

तू अब भी मोहब्बत करता है इस फानी जहान से
बहुतों ने धोखे खाए हैं इस शहर - ए - अंजान से

हक की तरफदारी में लड़खड़ा रही ज़बान है
इंसाफ के बाज़ार में बिक रहा बड़ा सस्ता ईमान है

40

भला हवा की बेरुखी भी बुझाती है
आधियों से रोशन हुए चराग़ को

41

लिपटा है मेरे दामन से इस कदर
अरसा से मुबतला हूँ अजाब ए - बुखार में

42

बना के हम भेस नादानो का
तमाशा ए दहर देखने हैं

43

अब क्या कहे हम क्या तलाश करते हैं
बड़े नादान हैं वफ़ा तलाश करते हैं

44

सबने तमाशा बना के हद कर दी
फिर हमने मुस्कुराकर हद कर दी

45

तुम्हें इंसान होने पर गुरुर है इतना
इस बस्ती में तो फरिशते टूट जाते हैं

46

सब सजाते हैं जिस्म पर उसके आज रेशमी कफ़न को
जीते जी नसीब न हुआ जिसे एक चीथड़ा ढांकने तन को

47

ढूंढने को पता जन्नत का हम गाफिल क्यों इतना फिक्र
करते हैं
चलो माँ बाप के ईद-गिर्द कुछ वक्त बसर करते हैं

48

आलमारी से कपड़े चुनते हुए कोई अपने आप से लड़
पड़ता है
तो कहीं बासी रोटी के एक टुकड़े के लिए कोई कुत्तों से
झगड़ पड़ता है और

49

उम्र गुज़र गई तन्हाई में जिसकी
जनाज़े में आज उसके हुजूम उमड़ा है ।

50

हक की तरफदारी में लड़खड़ा रही ज़बान है
इंसाफ़ के बाज़ार में बिक रहा बड़ा सस्ता ईमान है ।

51

दिल का हर एक कोना चकनाचूर कर डाला
आज फिर एक बेटी को रुलाकर विदा बदस्तूर कर डाला।

52

ज़माने में फैली महामारी का शिकार है
गलियों की खाक छानता गम - ए - बेरोज़गार है ।

53

हमारी हरकतों पर लोग अब भी हँसते हैं
यक़ीनन रुह में अपने बचपन जिंदा है ।

कवयित्री

इस काव्य - संग्रह की कवयित्री फरहा फातमा हैं | इनकी पैदाईश और पढ़ाई लिखाई रांची, झारखंड में हुई है | हिंदी कविताओं और उर्दू लिटरेचर में रुचि, ब्लॉग लेखन, युट्यूब एडूकेटर तथा वर्तमान में Ph.D. कर रहीं कवयित्री ने संत जेवियर्स कॉलेज, राँची और राँची यूनिवर्सिटी से अपनी पढ़ाई बायो - टेक्नोलोजी विषय से की है |

इनके कई रीव्यू और रीसर्च पेपर्स विभिन्न राष्ट्रीय और अंतर्राष्ट्रीय जर्नल्स में प्रकाशित हुई हैं | उम्मीद है यह किताब पाठकों को जिंदगी के फलसफों को महसूस करने और इसकी

अनूठी खुशबू का एहसास कराने में सफल सिद्ध होगी ।